Tvåspråkiga Godnattsagor: Engelska och Svenska Äventyr

Artici Kids

Published by Artici Kids, 2024.

While every precaution has been taken in the preparation of this book, the publisher assumes no responsibility for errors or omissions, or for damages resulting from the use of the information contained herein.

TVÅSPRÅKIGA GODNATTSAGOR: ENGELSKA OCH SVENSKA ÄVENTYR

First edition. June 21, 2024.

Copyright © 2024 Artici Kids.

ISBN: 979-8227515278

Written by Artici Kids.

Table of Contents

Captain Fiddlestick and the Treasure of Ticklish Island

Captain Fiddlestick was not your ordinary pirate. He had a wooden leg, a curly mustache that looked like a pair of dancing worms, and a habit of wearing socks with colorful stripes. But what made him truly unique was his laugh—a laugh so loud and joyful that it could be heard from one end of the Seven Seas to the other. Every time he laughed, seagulls would join in with their cawing, and dolphins would leap out of the water in delight.

Captain Fiddlestick's ship, the Jolly Giggle, was equally extraordinary. Painted in vibrant shades of purple, pink, and green, it had a giant parrot figurehead that squawked whenever someone approached. The crew was a motley collection of misfits who, like their captain, loved to laugh. There was First Mate Chuckles, who had a knack for telling the funniest jokes; Chef Grin, who could bake a pie that would make you giggle just by looking at it; and Navigator Snickers, who always found the funniest routes on their maps.

One sunny morning, Captain Fiddlestick gathered his crew on the deck of the Jolly Giggle. He held up a crumpled, old map he had found in a bottle floating in the sea.

"Arr, me hearties! Today we set sail for Ticklish Island," he announced, his eyes twinkling with excitement. "Legend has it there's a treasure there that can make anyone who finds it laugh for a thousand years!"

The crew cheered, their laughter echoing across the waves. They hoisted the sails and set course for Ticklish Island, singing their favorite sea shanty:

"Oh, we sail the seas with glee,

From the Jolly Giggle we never flee,

With Captain Fiddlestick at the helm,

We'll laugh our way through every realm!"

After days of sailing and countless jokes, they finally spotted the island on the horizon. Ticklish Island was covered in lush greenery and surrounded by sparkling blue waters. As they approached, they noticed something peculiar—everything on the island seemed to be moving. The trees swayed rhythmically, and the ground appeared to ripple like waves.

"Land ho! Prepare to drop anchor!" Captain Fiddlestick commanded. The crew scrambled to follow his orders, their excitement palpable.

As they stepped onto the sandy shore, they realized why the island was called Ticklish Island. Every time they took a step, the ground tickled their feet, causing them to burst into fits of laughter. Even the trees seemed to giggle when the wind rustled their leaves.

Navigator Snickers pulled out the map and pointed to a spot marked with an X. "The treasure should be right in the center of the island," he said, grinning.

They made their way through the ticklish forest, giggling and laughing with every step. Along the way, they encountered all sorts of amusing creatures—a group of dancing monkeys, a family of giggling flamingos, and a very ticklish tortoise who wiggled and squirmed whenever they tried to pass.

Finally, they reached a clearing where a massive, ancient chest lay half-buried in the ground. Captain Fiddlestick stepped forward, his heart pounding with anticipation. He knelt down and brushed the dirt off the chest, revealing a lock shaped like a giant smiley face.

"First Mate Chuckles, hand me the key!" he said. Chuckles rummaged through his pockets and pulled out a key that looked like a miniature feather duster.

Captain Fiddlestick inserted the key into the lock and turned it. The chest creaked open, and a dazzling light spilled out. Inside, they found the most incredible treasure they had ever seen—gold coins that sang when you touched them, jewels that changed color and told jokes, and a crown that made you burst into laughter as soon as you put it on.

But the most amazing thing of all was a large, sparkling crystal in the shape of a heart. Captain Fiddlestick picked it up, and as he did, a warm, tingling sensation spread through his body. He couldn't help but laugh—louder and more joyfully than he ever had before. The crew joined in, and soon the entire island was filled with the sound of their laughter.

"Arr, this be the greatest treasure of all!" Captain Fiddlestick declared between laughs. "With this, we'll never be sad again!"

They loaded the treasure onto the Jolly Giggle and set sail once more, their hearts full of joy and their laughter echoing across the ocean. From that day forward, Captain Fiddlestick and his crew were known as the happiest pirates on the Seven Seas. And whenever they felt a bit down, they would touch the crystal heart and laugh until their sides hurt.

And so, the legend of Captain Fiddlestick and the Treasure of Ticklish Island lived on, a tale of joy, laughter, and the magic of finding happiness in the most unexpected places.

Kapten Fiddlestick och Skatten på Kittlande Ön

K apten Fiddlestick var ingen vanlig pirat. Han hade ett träben, en lockig mustasch som såg ut som ett par dansande maskar, och en vana att bära strumpor med färgglada ränder. Men det som verkligen gjorde honom unik var hans skratt – ett skratt så högt och glatt att det kunde höras från ena änden av de Sju Haven till den andra. Varje gång han skrattade, stämde måsarna in med sitt skränande och delfinerna hoppade upp ur vattnet av förtjusning.

Kapten Fiddlesticks skepp, Jolly Giggle, var lika extraordinärt. Målat i livfulla nyanser av lila, rosa och grönt, hade det en gigantisk papegojfigursprydnad som skrek varje gång någon närmade sig. Besättningen var en brokig samling udda figurer som, precis som sin kapten, älskade att skratta. Där fanns Förste Styrman Chuckles, som var en mästare på att berätta de roligaste historierna; Kocken Grin, som kunde baka en paj som fick en att fnissa bara av att titta på den; och Navigatör Snickers, som alltid hittade de roligaste rutterna på deras kartor.

En solig morgon samlade Kapten Fiddlestick sin besättning på däck på Jolly Giggle. Han höll upp en skrynklig, gammal karta han hade hittat i en flaska som flöt i havet.

"Arr, mina hjärtevänner! Idag seglar vi till Kittlande Ön," utropade han med glimten i ögat. "Legenden säger att det finns en skatt där som kan få vem som helst som finner den att skratta i tusen år!"

Besättningen jublade, deras skratt ekade över vågorna. De hissade seglen och satte kurs mot Kittlande Ön, sjungandes sin favoritsjösång:

"Åh, vi seglar på hav med glädje,

Från Jolly Giggle flyr vi aldrig,

Med Kapten Fiddlestick vid rodret,

Ska vi skratta oss genom varje rike!"

Efter dagar av segling och otaliga skämt, fick de äntligen syn på ön vid horisonten. Kittlande Ön var täckt av frodig grönska och omgiven av gnistrande blått vatten. När de närmade sig märkte de något märkligt – allt på ön verkade röra sig. Träden svajade rytmiskt och marken tycktes krusa sig som vågor.

"Land i sikte! Gör er redo att ankra!" beordrade Kapten Fiddlestick. Besättningen rusade för att följa hans order, deras upphetsning kännbar.

När de klev iland på den sandiga stranden, förstod de varför ön kallades Kittlande Ön. Varje gång de tog ett steg, kittlade marken deras fötter och fick dem att brista ut i skratt. Till och med träden tycktes fnissa när vinden prasslade i deras löv.

Navigatör Snickers tog fram kartan och pekade på en plats markerad med ett X. "Skatten borde vara precis i mitten av ön," sa han med ett grin.

De tog sig genom den kittlande skogen, fnissandes och skrattandes vid varje steg. På vägen mötte de alla möjliga lustiga varelser – en grupp dansande apor, en familj fnissande flamingos och en mycket kittlig sköldpadda som vred och vände sig varje gång de försökte passera.

Till slut nådde de en glänta där en massiv, antik kista låg halvbegraven i marken. Kapten Fiddlestick steg fram, hjärtat bankade av förväntan. Han knäböjde och borstade bort jorden från kistan, avslöjande ett lås formad som ett gigantiskt smiley-ansikte.

"Förste Styrman Chuckles, ge mig nyckeln!" sa han. Chuckles rotade i sina fickor och drog fram en nyckel som såg ut som en miniatyr fjäderdammvippa.

Kapten Fiddlestick satte in nyckeln i låset och vred om. Kistan gnisslade upp och ett bländande ljus strömmade ut. Inuti fann de den mest otroliga skatt de någonsin sett – guldmynt som sjöng när man rörde vid dem, juveler som bytte färg och berättade skämt, och en krona som fick en att brista ut i skratt så fort man satte på sig den.

Men det mest fantastiska av allt var en stor, gnistrande kristall i form av ett hjärta. Kapten Fiddlestick plockade upp den, och när han gjorde det, spred sig en varm, kittlande känsla genom hans kropp. Han kunde inte låta bli att skratta – högre och gladare än han någonsin gjort förut. Besättningen stämde in, och snart fylldes hela ön av deras skratt.

"Arr, detta är den största skatten av alla!" utropade Kapten Fiddlestick mellan skratten. "Med den här kommer vi aldrig att vara ledsna igen!"

De lastade skatten på Jolly Giggle och satte segel igen, deras hjärtan fulla av glädje och deras skratt ekande över havet. Från den dagen var Kapten Fiddlestick och hans besättning kända som de lyckligaste piraterna på de Sju Haven. Och när de någon gång kände sig nere, rörde de vid kristallhjärtat och skrattade tills de fick ont i sidorna.

Och så levde legenden om Kapten Fiddlestick och Skatten på Kittlande Ön vidare, en berättelse om glädje, skratt och magin i att hitta lycka på de mest oväntade platser.

Flora the Fabulous Flamingo and the Magical Feather

F lora the Flamingo was not just any flamingo. She was the most fabulous flamingo in all of Featherly Lagoon. With her striking pink feathers that shimmered in the sunlight and her elegant, graceful neck, Flora was the envy of every bird. But what made Flora truly special was her magical feather. This wasn't just any feather; it was a radiant, golden feather hidden among her pink ones. And when Flora touched it, wonderful things happened.

Every morning, Flora would stretch her long legs, fluff her feathers, and take a leisurely stroll around the lagoon, greeting her friends with a cheerful "Good morning!" One day, as Flora was performing her morning ritual, she noticed something strange. The lagoon, usually bustling with life and color, was unusually quiet and dull. Her friend, Charlie the Cheerful Crane, who always had a joke to share, looked unusually glum.

"Charlie, what's the matter?" Flora asked, concerned.

"It's the colors, Flora," Charlie sighed. "They've all disappeared! The lagoon looks so dreary."

Flora looked around and realized Charlie was right. The vibrant flowers had lost their hues, the water seemed murky, and even the sky looked a bit gray.

"I'll find out what's going on," Flora declared confidently. She gently touched her magical feather, hoping it might help. Instantly, she felt a warm sensation spread through her wings. As she flapped them, a trail of golden sparkles danced in the air.

Flora decided to visit Old Wise Owl, who lived in the tallest tree at the edge of the lagoon. He knew everything about the lagoon and its mysteries. As Flora approached, she could see the usually wise and alert owl looking rather puzzled.

"Wise Owl, the colors are disappearing from the lagoon! Do you know what's happening?" Flora asked urgently.

Old Wise Owl peered at Flora through his spectacles. "Ah, Flora, it seems the lagoon's magic is fading. There's an ancient legend about a hidden crystal deep within the Enchanted Forest. This crystal is said to be the heart of all colors. If it loses its glow, so do the colors around it."

Flora's eyes widened. "Where can I find this crystal, and how can I restore its glow?"

"It's a dangerous journey," Old Wise Owl warned. "The Enchanted Forest is full of challenges, but with your magical feather, you might just succeed. Follow the path of the Rainbow River, and it will lead you to the crystal."

Flora thanked Old Wise Owl and set off immediately. The path was long and winding, and the forest grew darker with every step. Strange sounds echoed around her, and eerie shadows danced in the corners of her vision. But Flora was determined.

She touched her magical feather for courage, and its warmth gave her strength.

As she followed the Rainbow River, Flora encountered many challenges. She had to cross the Wobbly Bridge, where the planks were so loose they wobbled with every step. She used her long legs and graceful balance to cross safely. Next, she faced the Whispering Woods, where the trees whispered doubts and fears. Flora hummed a cheerful tune and ignored the whispers, focusing on her goal.

Finally, after what seemed like hours, Flora reached a clearing where the crystal lay. It was a beautiful, multifaceted gem, but its light was dim and fading. Flora approached it cautiously and touched it with her magical feather. To her amazement, the crystal began to glow brighter and brighter until it shone with a dazzling light. Colors exploded from it, spreading through the forest and back towards Featherly Lagoon.

Flora felt a surge of joy as the colors returned. She watched as flowers bloomed in vibrant reds and yellows, the water sparkled a clear blue, and the sky regained its brilliant azure hue. Flora knew her friends would be delighted.

When she returned to the lagoon, a cheer went up from all the animals. Charlie the Cheerful Crane did a joyful dance, the parrots sang the sweetest melodies, and even the grumpy old turtles smiled.

"Flora, you did it!" Charlie exclaimed. "You brought back the colors!"

Flora smiled, her heart full of happiness. "It was the magical feather that helped, but it was also the love for my home and friends that gave me the courage."

From that day on, Flora was celebrated as a hero in Featherly Lagoon. And whenever the colors seemed to fade, Flora knew she could rely on her magical feather and her brave heart to bring back the vibrancy and joy. The lagoon flourished, more beautiful than ever, and Flora's story was told for generations, inspiring young flamingos and other animals to believe in the magic within themselves.

Flora den Fantastiska Flamingon och den Magiska Fjädern

Flora Flamingo var inte bara någon flamingo. Hon var den mest fantastiska flamingon i hela Fjäderlagunen. Med sina slående rosa fjädrar som glittrade i solljuset och sin eleganta, graciösa hals, var Flora avundsjuk på varje fågel. Men det som verkligen gjorde Flora speciell var hennes magiska fjäder. Detta var inte bara någon fjäder; det var en strålande, gyllene fjäder gömd bland hennes rosa fjädrar. Och när Flora rörde vid den, hände underbara saker.

Varje morgon sträckte Flora ut sina långa ben, fluffade sina fjädrar och tog en lugn promenad runt lagunen, hälsade sina vänner med ett glatt "God morgon!" En dag, medan Flora utförde sin morgonritual, märkte hon något konstigt. Lagunen, som vanligtvis var full av liv och färg, var ovanligt tyst och trist. Hennes vän, Charlie den Glada Tranan, som alltid hade ett skämt att dela, såg ovanligt dyster ut.

"Charlie, vad är det som är fel?" frågade Flora bekymrat.

"Det är färgerna, Flora," suckade Charlie. "De har alla försvunnit! Lagunen ser så dyster ut."

Flora såg sig omkring och insåg att Charlie hade rätt. De livfulla blommorna hade förlorat sina nyanser, vattnet verkade grumligt och till och med himlen såg lite grå ut.

"Jag ska ta reda på vad som händer," förklarade Flora självsäkert. Hon rörde försiktigt vid sin magiska fjäder och hoppades att den skulle hjälpa. Omedelbart kände hon en varm känsla sprida sig genom sina vingar. När hon fladdrade med dem, dansade en svans av gyllene gnistor i luften.

Flora bestämde sig för att besöka Gamle Kloke Ugglan, som bodde i det högsta trädet vid lagunens kant. Han visste allt om lagunen och dess mysterier. När Flora närmade sig kunde hon se att den vanligtvis kloke och vaksamme ugglan såg ganska förbryllad ut.

"Kloka Uggla, färgerna försvinner från lagunen! Vet du vad som händer?" frågade Flora brådskande.

Gamle Kloke Ugglan kikade på Flora genom sina glasögon. "Ah, Flora, det verkar som om lagunens magi håller på att försvinna. Det finns en gammal legend om en gömd kristall djupt inne i Förtrollade Skogen. Denna kristall sägs vara hjärtat av alla färger. Om den förlorar sin glans, gör även färgerna det."

Floras ögon blev stora. "Var kan jag hitta denna kristall, och hur kan jag återställa dess glans?"

"Det är en farlig resa," varnade Gamle Kloke Ugglan. "Förtrollade Skogen är full av utmaningar, men med din magiska fjäder kanske du lyckas. Följ regnbågsfloden, och den kommer att leda dig till kristallen."

Flora tackade Gamle Kloke Ugglan och gav sig iväg omedelbart. Stigen var lång och slingrande, och skogen blev mörkare för varje steg. Märkliga ljud ekade runt henne, och kusliga skuggor dansade i hörnen av hennes synfält. Men Flora var beslutsam. Hon rörde vid sin magiska fjäder för mod, och dess värme gav henne styrka.

När hon följde regnbågsfloden stötte Flora på många utmaningar. Hon var tvungen att korsa den Skakiga Bron, där plankorna var så lösa att de skakade vid varje steg. Hon använde sina långa ben och graciösa balans för att ta sig över säkert. Nästa utmaning var Viskande Skogen, där träden viskade tvivel och rädslor. Flora nynnade en glad melodi och ignorerade viskningarna, fokuserad på sitt mål.

Till slut, efter vad som kändes som timmar, nådde Flora en glänta där kristallen låg. Det var en vacker, mångfasetterad juvel, men dess ljus var svagt och falnande. Flora närmade sig försiktigt och rörde vid den med sin magiska fjäder. Till hennes förvåning började kristallen lysa starkare och starkare tills den sken med ett bländande ljus. Färger exploderade från den, spred sig genom skogen och tillbaka till Fjärderlagunen.

Flora kände en våg av glädje när färgerna återvände. Hon såg hur blommorna blommade i livfulla röda och gula nyanser, vattnet glittrade i klarblått och himlen återfick sin lysande azurblå nyans. Flora visste att hennes vänner skulle bli förtjusta.

När hon återvände till lagunen, hördes ett jubel från alla djuren. Charlie den Glada Tranan gjorde en glädjedans, papegojorna sjöng de sötaste melodier, och till och med de griniga gamla sköldpaddorna log.

"Flora, du gjorde det!" utropade Charlie. "Du tog tillbaka färgerna!"

Flora log, hennes hjärta fullt av lycka. "Det var den magiska fjädern som hjälpte, men det var också kärleken till mitt hem och mina vänner som gav mig modet."

Från den dagen firades Flora som en hjälte i Fjärderlagunen. Och när färgerna ibland verkade blekna, visste Flora att hon kunde lita på sin magiska fjäder och sitt modiga hjärta för att återge glädjen och livfullheten. Lagunen blomstrade, vackrare än någonsin, och Floras berättelse berättades i generationer, och inspirerade unga flamingos och andra djur att tro på magin inom sig själva.

Dazzle the Dragon and the Rainbow Jewel

In the magical land of Whimsywood, lived a dragon named Dazzle. Unlike other dragons, Dazzle wasn't interested in hoarding gold or scaring villagers. No, Dazzle was a kind-hearted dragon who loved to spread joy and happiness. His scales were a magnificent shade of emerald green, and his eyes sparkled like the brightest stars in the sky. But what made Dazzle truly special was the rainbow jewel on his forehead. This jewel had the power to create rainbows, and whenever Dazzle used it, the skies above Whimsywood would light up with the most beautiful colors imaginable.

Dazzle lived in a cozy cave at the edge of Whimsywood, where the trees whispered secrets and the flowers giggled with every breeze. Every morning, Dazzle would stretch his wings, admire the glittering jewel on his forehead in the reflection of a nearby pond, and fly over the land, greeting all the creatures he met.

One sunny day, as Dazzle was soaring through the sky, he noticed that something was terribly wrong. The usually vibrant and colorful Whimsywood looked dull and lifeless. The flowers had lost their colors, the trees drooped sadly, and even the cheerful chirping of the birds had stopped.

Dazzle landed softly by the side of his best friend, Tilly the Toad, who was sitting on a gray, colorless mushroom.

"Tilly, what's happened to Whimsywood?" Dazzle asked, his voice filled with concern.

Tilly looked up with sad eyes. "It's the Rainbow Jewel, Dazzle. It's losing its magic. Without it, Whimsywood is losing all its colors and joy."

Dazzle touched the jewel on his forehead. It felt colder than usual, and its once vibrant glow was dimming. "We need to find a way to restore its magic," Dazzle said determinedly. "Do you know how?"

Tilly nodded. "There's a legend about the Great Prism hidden deep within the Crystal Caves. It's said to be the source of all the rainbow magic. If we can find it, we might be able to recharge the Rainbow Jewel."

Without wasting another moment, Dazzle set off towards the Crystal Caves, with Tilly hopping along by his side. The journey was long and filled with challenges, but Dazzle's heart was strong, and he knew he had to save Whimsywood.

As they ventured deeper into the caves, the light grew dimmer, and the air colder. Strange, shimmering creatures with translucent wings flitted about, whispering in a language only they understood. Dazzle and Tilly pressed on, guided by the faint glow of the Rainbow Jewel.

Finally, they reached the heart of the caves, where the Great Prism stood. It was a magnificent structure, towering high and sparkling with every color of the rainbow. But it was surrounded by a swirling mist, and at its base lay a grumpy old dragon named Grizzle, who guarded the prism with all his might.

Grizzle was not like Dazzle. He was a dragon who had lost his sense of wonder and joy. His scales were dull gray, and his eyes, once bright, were clouded with sadness.

"Who dares to enter my domain?" Grizzle roared, his voice echoing through the cavern.

"It is I, Dazzle the Dragon, and my friend Tilly the Toad. We seek the magic of the Great Prism to restore the colors and joy to Whimsywood," Dazzle declared bravely.

Grizzle snorted. "Why should I help you? What do I care about your Whimsywood?"

Dazzle stepped forward, his heart full of compassion. "Because, Grizzle, everyone deserves to feel joy and see the beauty of the world. Even you."

Grizzle looked at Dazzle skeptically, but there was a flicker of something in his eyes—a glimmer of hope, perhaps. "And how do you plan to restore this joy?"

"With the Rainbow Jewel," Dazzle explained. "It needs to be recharged by the Great Prism. Please, Grizzle, let us try."

Grizzle hesitated for a moment, then sighed. "Very well. But know this, young dragon, the Great Prism's magic can only be restored by a selfless act of kindness."

Dazzle nodded and approached the prism. He touched the Rainbow Jewel to its base and immediately felt a surge of warmth and energy. The jewel began to glow brighter, and colors swirled around them.

But nothing more happened.

Grizzle looked disappointed. "It seems your jewel is not enough."

Tilly, who had been silent, suddenly hopped forward. "Wait! I have an idea." She reached into her tiny bag and pulled out a single, small, golden petal from a flower known as the Heart's Bloom. "This flower symbolizes pure love and kindness. Perhaps it will help."

With a gentle touch, Tilly placed the petal on the Rainbow Jewel. Instantly, a beam of brilliant light shot out from the jewel and into the Great Prism. The entire cavern was filled with a dazzling array of colors, and the prism began to hum with energy.

Grizzle watched in awe as the colors danced around him. His dull gray scales started to shimmer, and his eyes brightened. For the first time in years, Grizzle smiled.

Dazzle's Rainbow Jewel was now fully recharged, glowing brighter than ever. He thanked Grizzle and Tilly, and together they made their way back to Whimsywood.

As they flew over the land, the colors returned. Flowers bloomed in vibrant hues, trees stood tall and green, and the birds sang joyful songs once more. Whimsywood was alive with magic and happiness.

Dazzle landed softly by the pond near his cave, where all his friends had gathered to welcome him back. "Dazzle, you did it!" they cheered.

"No, we did it," Dazzle corrected, looking at Tilly. "Without Tilly's kindness and the Heart's Bloom, none of this would have been possible."

From that day on, Dazzle and Tilly were celebrated as the heroes of Whimsywood. And Grizzle, now a friend, would visit often, bringing tales of wonder and helping to spread joy.

The legend of Dazzle the Dragon and the Rainbow Jewel lived on, teaching everyone that with kindness, courage, and a bit of magic, even the dullest of days could be filled with color and light.

Glittra Draken och Regnbågssmycket

I det magiska landet Whimsywood bodde en drake vid namn Glittra. Till skillnad från andra drakar var Glittra inte intresserad av att samla guld eller skrämma bybor. Nej, Glittra var en godhjärtad drake som älskade att sprida glädje och lycka. Hans fjäll var en magnifik nyans av smaragdgrön, och hans ögon gnistrade som de klaraste stjärnorna på himlen. Men det som gjorde Glittra verkligen speciell var regnbågssmycket på hans panna. Detta smycke hade kraften att skapa regnbågar, och när Glittra använde det, lyste himlen ovanför Whimsywood upp med de vackraste färgerna man kunde tänka sig.

Glittra bodde i en mysig grotta vid kanten av Whimsywood, där träden viskade hemligheter och blommorna fnittrade vid varje vindpust. Varje morgon sträckte Glittra sina vingar, beundrade det glittrande smycket på sin panna i reflektionen av en närliggande damm och flög över landet, hälsande på alla varelser han mötte.

En solig dag, när Glittra svävade genom himlen, märkte han att något var fruktansvärt fel. Det vanligtvis livfulla och färgglada Whimsywood såg trist och livlöst ut. Blommorna hade förlorat sina färger, träden hängde sorgset, och till och med fåglarnas glada kvitter hade tystnat.

Glittra landade mjukt vid sidan av sin bästa vän, Tilly Paddan, som satt på en grå, färglös svamp.

"Tilly, vad har hänt med Whimsywood?" frågade Glittra, med oro i rösten.

Tilly såg upp med ledsna ögon. "Det är regnbågssmycket, Glittra. Det förlorar sin magi. Utan det förlorar Whimsywood alla sina färger och sin glädje."

Glittra rörde vid smycket på sin panna. Det kändes kallare än vanligt, och dess en gång så livliga glöd var på väg att slockna. "Vi måste hitta ett sätt att återställa dess magi," sade Glittra beslutsamt. "Vet du hur?"

Tilly nickade. "Det finns en legend om det Stora Prismat som är gömt djupt inne i Kristallgrottorna. Det sägs vara källan till all regnbågsmagi. Om vi kan hitta det, kanske vi kan ladda om regnbågssmycket."

Utan att slösa en sekund, gav sig Glittra iväg mot Kristallgrottorna, med Tilly hoppande vid sin sida. Resan var lång och fylld av utmaningar, men Glittras hjärta var starkt, och han visste att han måste rädda Whimsywood.

När de trängde djupare in i grottorna, blev ljuset svagare och luften kallare. Märkliga, skimrande varelser med genomskinliga vingar fladdrade omkring och viskade på ett språk som bara de förstod. Glittra och Tilly fortsatte framåt, guidade av den svaga glöden från regnbågssmycket.

Slutligen nådde de grottans hjärta, där det Stora Prismat stod. Det var en magnifik struktur, hög och gnistrande i alla regnbågens färger. Men det var omgivet av en virvlande dimma, och vid dess fot låg en surmulen gammal drake vid namn Grizzle, som vaktade prismat med all sin makt.

Grizzle var inte som Glittra. Han var en drake som hade förlorat sin känsla för förundran och glädje. Hans fjäll var tråkigt grå, och hans ögon, en gång så ljusa, var grumliga av sorg.

"Vem vågar träda in i mitt domän?" röt Grizzle, hans röst ekande genom grottan.

"Det är jag, Glittra Draken, och min vän Tilly Paddan. Vi söker magin från det Stora Prismat för att återställa färgerna och glädjen till Whimsywood," förklarade Glittra modigt.

Grizzle fnös. "Varför skulle jag hjälpa er? Vad bryr jag mig om ert Whimsywood?"

Glittra steg fram, hans hjärta fullt av medkänsla. "För att, Grizzle, alla förtjänar att känna glädje och se världens skönhet. Även du."

Grizzle såg skeptiskt på Glittra, men det fanns en gnista av något i hans ögon - ett hoppets ljus, kanske. "Och hur tänker du återställa denna glädje?"

"Med regnbågssmycket," förklarade Glittra. "Det behöver laddas om av det Stora Prismat. Snälla, Grizzle, låt oss försöka."

Grizzle tvekade ett ögonblick, men suckade sedan. "Nåväl. Men vet detta, unga drake, det Stora Prismats magi kan bara återställas genom en osjälvisk handling av vänlighet."

Glittra nickade och närmade sig prismat. Han rörde vid regnbågssmycket mot dess fot och kände omedelbart en våg av värme och energi. Smycket började lysa starkare, och färger snurrade runt dem.

Men inget mer hände.

Grizzle såg besviken ut. "Det verkar som om ditt smycke inte är nog."

Tilly, som hade varit tyst, hoppade plötsligt fram. "Vänta! Jag har en idé." Hon sträckte sig in i sin lilla väska och drog fram ett enda, litet, gyllene kronblad från en blomma känd som Hjärtats Blomma. "Denna blomma symboliserar ren kärlek och vänlighet. Kanske kan den hjälpa."

Med en mjuk rörelse placerade Tilly kronbladet på regnbågssmycket. Genast sköt en stråle av briljant ljus ut från smycket och in i det Stora Prismat. Hela grottan fylldes av en bländande mängd färger, och prismat började surra av energi.

Grizzle tittade på i vördnad när färgerna dansade runt honom. Hans tråkiga grå fjäll började skimra, och hans ögon ljusnade. För första gången på många år, log Grizzle.

Glittras regnbågssmycke var nu fullständigt laddat, lysande starkare än någonsin. Han tackade Grizzle och Tilly, och tillsammans begav de sig tillbaka till Whimsywood.

När de flög över landet, återvände färgerna. Blommor blommade i livfulla nyanser, träden stod höga och gröna, och fåglarna sjöng glada sånger igen. Whimsywood levde av magi och lycka.

Glittra landade mjukt vid dammen nära sin grotta, där alla hans vänner hade samlats för att välkomna honom tillbaka. "Glittra, du gjorde det!" jublade de.

"Nej, vi gjorde det," rättade Glittra, tittande på Tilly. "Utan Tillys vänlighet och Hjärtats Blomma, skulle inget av detta ha varit möjligt."

Från den dagen firades Glittra och Tilly som hjältar i Whimsywood. Och Grizzle, nu en vän, besökte ofta, berättade om under och hjälpte till att sprida glädje.

Legenden om Glittra Draken och Regnbågssmycket levde vidare, och lärde alla att med vänlighet, mod och lite magi, kunde även de tråkigaste dagarna fyllas med färg och ljus.

Benny the Brave Bear and the Big Adventure

Benny the Bear was no ordinary bear. Living in the bustling town of Woodville, Benny was known for his curious nature and his love for adventure. While most bears in Woodville were content to lounge around and eat honey all day, Benny always dreamed of exploring the world beyond the forest. His brown fur was often dusted with the evidence of his latest escapade, and his bright, inquisitive eyes twinkled with the thrill of the unknown.

One fine morning, as Benny was munching on a particularly delicious piece of honeycomb, he overheard a conversation between two squirrels.

"Did you hear about the legendary Golden Honey?" one squirrel chattered excitedly. "It's said to be hidden deep in the Enchanted Forest!"

Benny's ears perked up. Golden Honey? It sounded incredible! Without a moment's hesitation, Benny decided that he would embark on an adventure to find this legendary honey.

He packed his trusty backpack with all the essentials: a jar of honey for energy, a map of the forest, and his favorite red scarf. Benny's mother, Mrs. Bear, was worried.

"Are you sure about this, Benny?" she asked, her voice filled with concern. "The Enchanted Forest is full of mysteries and dangers."

"I'll be fine, Mum," Benny reassured her, giving her a big bear hug. "I'll be back before you know it, and maybe I'll even bring you some Golden Honey!"

With a final wave, Benny set off on his grand adventure. The path to the Enchanted Forest was long and winding, but Benny's excitement kept him going. He sang cheerful songs to himself as he walked, and occasionally stopped to marvel at the beautiful sights along the way.

As Benny entered the Enchanted Forest, he felt a shiver of excitement. The trees were taller, the flowers more vibrant, and the air was filled with the sweet scent of magic. But Benny knew he had to stay focused on his goal.

He consulted his map and followed the directions carefully. Along the way, Benny met many interesting creatures: a wise old owl who gave him a feather for good luck, a family of rabbits who shared their carrots with him, and even a mischievous fox who tried to trick him into going the wrong way. But Benny's sharp mind and kind heart saw him through each encounter.

One day, as Benny was walking through a particularly dense part of the forest, he stumbled upon a sparkling stream. The water was so clear that he could see the fish swimming below. Benny was about to take a sip when he noticed something glimmering at the bottom of the stream. It was a small, golden key!

Intrigued, Benny picked up the key and wondered what it could unlock. He decided to keep it with him, thinking it might come in handy later.

As the days went by, Benny's journey grew more challenging. The forest became darker, and strange sounds filled the air. But Benny was determined to find the Golden Honey. One evening, as Benny was setting up camp, he saw a flickering light in the distance. Curious, he followed the light and soon found himself in front of a grand, ancient tree.

The tree was unlike any Benny had ever seen. Its trunk was massive, and its branches stretched high into the sky, shimmering with a golden hue. At the base of the tree was a small door, just the right size for Benny to enter. He reached into his backpack and pulled out the golden key he had found earlier.

With a sense of wonder and anticipation, Benny inserted the key into the lock and turned it. The door creaked open, revealing a hidden chamber inside the tree. Benny stepped in cautiously, and his eyes widened in amazement.

Inside the chamber, there were jars upon jars of the most exquisite, golden honey Benny had ever seen. The air was filled with its sweet aroma, and Benny could hardly believe his luck. He carefully filled his backpack with a few jars, making sure to leave plenty for others who might find the tree in the future.

Just as Benny was about to leave, he heard a soft voice. "Thank you for being kind and respectful, young bear."

Benny turned around to see a beautiful fairy hovering in the air. She had wings that shimmered like the morning dew and a warm, friendly smile.

"I am the Guardian of the Golden Honey," the fairy explained. "Many have tried to take the honey for themselves, but you, Benny, have shown true bravery and kindness. For that, you are rewarded."

With a wave of her hand, the fairy granted Benny a special gift. His backpack, now filled with the Golden Honey, would always have a jar to share with others, no matter how much he took out.

Benny thanked the fairy and promised to use the gift wisely. With his heart full of joy and his backpack full of golden honey, Benny made his way back to Woodville.

When Benny returned home, the entire town gathered to hear about his adventure. He shared his story, the magical honey, and the lessons he had learned along the way. Benny's mother, Mrs. Bear, was the proudest of all, hugging her brave son tightly.

From that day on, Benny became known as Benny the Brave Bear. He continued to explore the world, always sharing his adventures and the magical honey with everyone he met. And so, Benny's legend grew, inspiring young and old alike to be brave, kind, and to always seek out the wonders of the world.

Benny den Modige Björnen och det Stora Äventyret

Benny Björn var ingen vanlig björn. I den livliga staden Skogsdalen var Benny känd för sin nyfikna natur och sin kärlek till äventyr. Medan de flesta björnar i Skogsdalen var nöjda med att slappa runt och äta honung hela dagen, drömde Benny alltid om att utforska världen bortom skogen. Hans bruna päls var ofta dammig av bevis på hans senaste upptåg, och hans ljusa, nyfikna ögon glittrade av spänningen inför det okända.

En vacker morgon, medan Benny mumsade på en särskilt läcker bit honungskaka, överhörde han ett samtal mellan två ekorrar.

"Hörde du om den legendariska gyllene honungen?" kvittrade en ekorre upphetsat. "Det sägs att den är gömd djupt inne i den Förtrollade Skogen!"

Bennys öron spetsades till. Gyllene honung? Det lät otroligt! Utan att tveka beslutade Benny att ge sig ut på ett äventyr för att hitta denna legendariska honung.

Han packade sin pålitliga ryggsäck med alla nödvändigheter: en burk honung för energi, en karta över skogen och sin favorit röda halsduk. Bennys mamma, Fru Björn, var orolig.

"Är du säker på det här, Benny?" frågade hon, med en röst fylld av oro. "Den Förtrollade Skogen är full av mysterier och faror."

"Jag kommer att klara mig bra, mamma," försäkrade Benny henne och gav henne en stor björnkram. "Jag kommer tillbaka innan du vet ordet av det, och kanske tar jag med lite gyllene honung till dig!"

Med en sista vinkning gav sig Benny iväg på sitt stora äventyr. Stigen till den Förtrollade Skogen var lång och slingrande, men Bennys entusiasm höll honom igång. Han sjöng glada sånger för sig själv medan han gick och stannade ibland för att förundras över de vackra sevärdheterna längs vägen.

När Benny gick in i den Förtrollade Skogen kände han en rysning av spänning. Träden var högre, blommorna mer livfulla och luften fylld av en söt doft av magi. Men Benny visste att han måste hålla fokus på sitt mål.

Han konsulterade sin karta och följde noggrant instruktionerna. På vägen mötte Benny många intressanta varelser: en klok gammal uggla som gav honom en fjäder för tur, en familj kaniner som delade sina morötter med honom, och till och med en busig räv som försökte lura honom att gå fel väg. Men Bennys skarpa sinne och vänliga hjärta hjälpte honom att övervinna varje möte.

En dag, när Benny gick genom en särskilt tät del av skogen, snubblade han över en glittrande bäck. Vattnet var så klart att han kunde se fiskarna simma nedanför. Benny var på väg att ta en klunk när han märkte något glimma på botten av bäcken. Det var en liten, gyllene nyckel!

Intrigerad plockade Benny upp nyckeln och undrade vad den kunde låsa upp. Han bestämde sig för att behålla den, och tänkte att den kanske skulle komma till nytta senare.

Efter hand som dagarna gick blev Bennys resa mer utmanande. Skogen blev mörkare och märkliga ljud fyllde luften. Men Benny var fast besluten att hitta den gyllene honungen. En kväll, när Benny höll på att slå läger, såg han ett fladdrande ljus i fjärran. Nyfiken följde han ljuset och fann sig snart stå framför ett storslaget, urgammalt träd.

Trädet var olikt något Benny någonsin hade sett. Dess stam var massiv, och dess grenar sträckte sig högt upp i himlen, skimrande med en gyllene nyans. Vid trädets fot fanns en liten dörr, precis lagom stor för Benny att gå in. Han sträckte sig efter sin ryggsäck och tog fram den gyllene nyckel han hittat tidigare.

Med en känsla av förundran och förväntan satte Benny in nyckeln i låset och vred om. Dörren gnisslade upp och avslöjade en dold kammare inuti trädet. Benny klev försiktigt in och hans ögon blev stora av förvåning.

Inne i kammaren fanns burkar och burkar med den mest utsökta gyllene honung Benny någonsin hade sett. Luften var fylld av dess söta arom och Benny kunde knappt tro sin lycka. Han fyllde försiktigt sin ryggsäck med några burkar och såg till att lämna gott om honung kvar till andra som kanske skulle hitta trädet i framtiden.

Precis när Benny skulle gå hörde han en mjuk röst. "Tack för att du är snäll och respektfull, unga björn."

Benny vände sig om och såg en vacker fe sväva i luften. Hon hade vingar som glittrade som morgondagg och ett varmt, vänligt leende.

"Jag är Väktaren av den Gyllene Honungen," förklarade fen. "Många har försökt ta honungen för sig själva, men du, Benny, har visat verkligt mod och vänlighet. För det, belönas du."

Med en svepande rörelse med handen gav fen Benny en särskild gåva. Hans ryggsäck, nu fylld med gyllene honung, skulle alltid ha en burk att dela med andra, oavsett hur mycket han tog ut.

Benny tackade fen och lovade att använda gåvan klokt. Med hjärtat fyllt av glädje och ryggsäcken full av gyllene honung, begav sig Benny tillbaka till Skogsdalen.

När Benny återvände hem, samlades hela staden för att höra om hans äventyr. Han delade med sig av sin berättelse, den magiska honungen och de lärdomar han hade fått längs vägen. Bennys mamma, Fru Björn, var den stoltaste av alla och kramade sin modiga son hårt.

Från den dagen blev Benny känd som Benny den Modige Björnen. Han fortsatte att utforska världen, alltid delande sina äventyr och den magiska honungen med alla han mötte. Och så växte Bennys legend, inspirerande unga och gamla att vara modiga, vänliga och alltid söka efter världens underverk.

Luna the Unicorn and the Secret of the Silver Forest

Once upon a time, in a magical land far, far away, lived a unicorn named Luna. Luna was not like any other unicorn in the enchanting land of Glimmerwood. She had a shimmering silver coat that sparkled in the sunlight, and her mane flowed like a river of rainbows. Her most special feature, however, was her horn, which glowed with a soft, radiant light whenever she was happy or excited.

Luna loved to explore and go on adventures. Her best friend was a little fairy named Twinkle, who lived in a beautiful flower petal house. Twinkle was tiny but full of energy, and together, she and Luna had the most extraordinary adventures in Glimmerwood.

One sunny morning, Luna and Twinkle were playing near the Crystal Lake when they overheard a conversation between two talking rabbits.

"Have you heard about the Silver Forest?" one rabbit asked the other. "It's said to be hidden beyond the Misty Mountains and filled with the most wondrous secrets."

Luna's ears perked up. The Silver Forest sounded like a place of endless wonder and excitement. Without a moment's hesitation, Luna decided that she and Twinkle would embark on an adventure to find this mysterious forest.

"Twinkle, did you hear that? We have to find the Silver Forest!" Luna exclaimed, her horn glowing with excitement.

Twinkle fluttered her wings in agreement. "Absolutely! Let's pack our things and get going!"

They hurried back to Luna's home, a cozy cave adorned with sparkling crystals and colorful flowers. Luna packed her adventure bag with all the essentials: a map of Glimmerwood, a flask of sparkling water from the Crystal Lake, some enchanted berries for energy, and a blanket for cold nights. Twinkle brought her fairy dust, which could light up the darkest paths and heal any wounds.

With their bags packed and their hearts full of excitement, Luna and Twinkle set off on their grand adventure. The journey to the Misty Mountains was long and challenging, but they were determined to reach the Silver Forest.

As they traveled, Luna and Twinkle encountered many magical creatures. They met a wise old owl who gave them a feather for good luck, a family of hedgehogs who shared their berries, and even a mischievous sprite who tried to lead them astray. But Luna's kind heart and Twinkle's quick thinking saw them through each encounter.

After several days of traveling, they finally reached the base of the Misty Mountains. The mountains were tall and shrouded in a thick, eerie mist. Luna felt a little nervous, but Twinkle sprinkled some fairy dust on them, and they felt brave again.

"Come on, Luna, we can do this!" Twinkle encouraged.

Luna nodded, and they began their ascent. The climb was steep and treacherous, but they persevered. As they climbed higher, the air grew colder and the mist thicker. Just when they thought they couldn't go any further, they saw a faint, silvery light in the distance.

"Look, Twinkle! That must be the entrance to the Silver Forest!" Luna exclaimed, her horn glowing brighter with hope.

With renewed energy, they made their way toward the light. As they approached, the mist began to clear, revealing a hidden pathway lined with glowing, silver trees. Luna and Twinkle stepped onto the path, and the world around them transformed.

The Silver Forest was even more magnificent than they had imagined. The trees had leaves that sparkled like diamonds, and the air was filled with the sweet scent of blooming flowers. Butterflies with iridescent wings fluttered about, and gentle streams of silver water flowed through the forest.

But Luna and Twinkle knew they were here for a reason. They had heard that the Silver Forest held a great secret, one that could bring even more magic and joy to Glimmerwood.

As they ventured deeper into the forest, they came across a grand, ancient tree with a door at its base. The door was made of silver and adorned with intricate carvings of unicorns and fairies. Luna felt a sense of wonder and anticipation as she approached the door.

With Twinkle by her side, Luna gently pushed the door open. Inside, they found a beautiful, glowing room filled with shelves upon shelves of ancient scrolls and books. In the center of the room stood a pedestal with a large, glowing crystal.

Twinkle fluttered over to one of the scrolls and read aloud, "The crystal holds the heart of the Silver Forest. It is the source of all its magic."

Luna gazed at the crystal in awe. "But what do we do with it?" she asked.

Twinkle smiled. "I think we need to bring it back to Glimmerwood. The crystal's magic can help our land flourish and bring joy to all its creatures."

Luna nodded. Carefully, she lifted the crystal from its pedestal. The moment she touched it, she felt a warm, comforting energy flow through her.

As they made their way back through the Silver Forest, Luna and Twinkle noticed that the crystal's light was growing brighter. It seemed to guide them, illuminating their path and filling their hearts with hope.

When they finally emerged from the forest, they found that the mist around the Misty Mountains had cleared, and the sun was shining brightly. Their journey back to Glimmerwood was much easier, and they were greeted with cheers and excitement when they arrived.

The creatures of Glimmerwood gathered around as Luna and Twinkle placed the crystal in the center of the town. As the crystal's light spread, flowers bloomed, trees grew taller, and the air was filled with the sweet scent of magic.

"Luna, Twinkle, you've brought so much joy to Glimmerwood!" a young fawn exclaimed.

Luna smiled, her horn glowing with happiness. "We couldn't have done it without each other."

From that day on, the Silver Forest became a place of legend, and Luna and Twinkle were celebrated as heroes. The magic of the crystal brought prosperity and happiness to Glimmerwood, and Luna's adventures continued, always with Twinkle by her side.

And so, the tale of Luna the Unicorn and the Secret of the Silver Forest was told for generations, inspiring young and old alike to believe in the power of friendship, bravery, and the magic that lies within each of us.

Luna Enhörningen och Hemligheten i den Silverskogen

Det var en gång, i ett magiskt land långt, långt borta, en enhörning som hette Luna. Luna var inte som vilken annan enhörning som helst i det förtrollande landet Glimmerwood. Hon hade en skimrande silverpäls som gnistrade i solljuset, och hennes man flödade som en regnbågsflod. Hennes mest speciella drag var dock hennes horn, som lyste med ett mjukt, strålande ljus när hon var glad eller uppspelt.

Luna älskade att utforska och ge sig ut på äventyr. Hennes bästa vän var en liten fé vid namn Twinkle, som bodde i ett vackert blombladshus. Twinkle var liten men full av energi, och tillsammans hade hon och Luna de mest extraordinära äventyren i Glimmerwood.

En solig morgon, när Luna och Twinkle lekte nära Kristallsjön, hörde de ett samtal mellan två pratande kaniner.

"Har du hört om Silverskogen?" frågade en kanin den andra. "Den sägs vara gömd bortom Dimmiga Bergen och fylld med de mest underbara hemligheter."

Lunas öron spetsades. Silverskogen lät som en plats full av ändlöst under och spänning. Utan att tveka bestämde Luna att hon och Twinkle skulle ge sig ut på ett äventyr för att hitta denna mystiska skog.

"Twinkle, hörde du det? Vi måste hitta Silverskogen!" utbrast Luna, hennes horn lysande av upphetsning.

Twinkle fladdrade med sina vingar till samtycke. "Absolut! Låt oss packa våra saker och ge oss av!"

De skyndade tillbaka till Lunas hem, en mysig grotta dekorerad med gnistrande kristaller och färgglada blommor. Luna packade sin äventyrsväska med alla nödvändigheter: en karta över Glimmerwood, en flaska gnistrande vatten från Kristallsjön, några förtrollade bär för energi och en filt för kalla nätter. Twinkle tog med sitt féstoft, som kunde lysa upp de mörkaste vägarna och läka alla sår.

Med sina väskor packade och hjärtan fulla av förväntan gav sig Luna och Twinkle iväg på sitt stora äventyr. Resan till Dimmiga Bergen var lång och utmanande, men de var fast beslutna att nå Silverskogen.

Medan de reste mötte Luna och Twinkle många magiska varelser. De träffade en vis gammal uggla som gav dem en fjäder för tur, en familj med igelkottar som delade sina bär och till och med en busig älva som försökte leda dem vilse. Men Lunas goda hjärta och Twinkles snabba tänkande såg dem genom varje möte.

Efter flera dagars resa nådde de äntligen foten av Dimmiga Bergen. Bergen var höga och insvepta i en tjock, kuslig dimma. Luna kände sig lite nervös, men Twinkle strödde lite féstoft över dem, och de kände sig modiga igen.

"Kom igen, Luna, vi klarar detta!" uppmuntrade Twinkle.

Luna nickade, och de började sin uppstigning. Klättringen var brant och farlig, men de fortsatte. När de klättrade högre blev luften kallare och dimman tjockare. Precis när de trodde att de inte kunde gå längre såg de ett svagt, silvrigt ljus i fjärran.

"Titta, Twinkle! Det måste vara ingången till Silverskogen!" utbrast Luna, hennes horn lysande ljusare av hopp.

Med ny energi tog de sig mot ljuset. När de närmade sig började dimman skingras och avslöjade en dold stig kantad med glödande, silvriga träd. Luna och Twinkle steg på stigen, och världen omkring dem förvandlades.

Silverskogen var ännu mer magnifik än de hade föreställt sig. Träden hade blad som gnistrade som diamanter, och luften var fylld av den söta doften av blommande blommor. Fjärilar med iriserande vingar fladdrade omkring, och milda strömmar av silvrigt vatten flöt genom skogen.

Men Luna och Twinkle visste att de var där av en anledning. De hade hört att Silverskogen höll en stor hemlighet, en som kunde ge ännu mer magi och glädje till Glimmerwood.

När de vandrade djupare in i skogen kom de till ett stort, gammalt träd med en dörr vid basen. Dörren var gjord av silver och prydd med intrikata sniderier av enhörningar och féer. Luna kände en känsla av förundran och förväntan när hon närmade sig dörren.

Med Twinkle vid sin sida sköt Luna försiktigt upp dörren. Inuti fann de ett vackert, glödande rum fyllt med hyllor fulla av gamla pergament och böcker. I mitten av rummet stod en piedestal med en stor, glödande kristall.

Twinkle fladdrade över till ett av pergamenten och läste högt, "Kristallen håller Silverskogens hjärta. Det är källan till all dess magi."

Luna betraktade kristallen med förundran. "Men vad ska vi göra med den?" frågade hon.

Twinkle log. "Jag tror vi måste ta med den tillbaka till Glimmerwood. Kristallens magi kan hjälpa vårt land att blomstra och ge glädje till alla dess varelser."

Luna nickade. Försiktigt lyfte hon kristallen från piedestalen. I samma ögonblick hon rörde vid den, kände hon en varm, tröstande energi flöda genom sig.

När de gjorde sig redo att lämna Silverskogen märkte Luna och Twinkle att kristallens ljus blev starkare. Det verkade vägleda dem, lysa upp deras väg och fylla deras hjärtan med hopp.

När de äntligen kom ut ur skogen fann de att dimman runt Dimmiga Bergen hade skingrats, och solen sken klart. Deras resa tillbaka till Glimmerwood var mycket enklare, och de mottogs med jubel och spänning när de anlände.

Glimmerwoods invånare samlades runt när Luna och Twinkle placerade kristallen i stadens mitt. När kristallens ljus spred sig, blommade blommor, träd växte högre, och luften fylldes med den söta doften av magi.

"Luna, Twinkle, ni har bringat så mycket glädje till Glimmerwood!" utbrast ett ungt rådjur.

Luna log, hennes horn lysande av lycka. "Vi kunde inte ha gjort det utan varandra."

Från den dagen blev Silverskogen en plats av legender, och Luna och Twinkle firades som hjältar. Kristallens magi gav välstånd och lycka till Glimmerwood, och Lunas äventyr fortsatte, alltid med Twinkle vid sin sida.

Och så berättades sagan om Luna Enhörningen och Hemligheten i Silverskogen i generationer, inspirerande unga och gamla att tro på vänskapens kraft, mod och den magi som finns inom oss alla.

Milo and the Magic Sweet Store

In the heart of the bustling town of Tumbleton, there was a little shop that everyone knew but few dared to enter. It was called "Sweet Serendipity," a magical sweet store that appeared ordinary from the outside but was full of wonder and enchantment inside. The store was run by a kind old man named Mr. Twizzle, who had a twinkle in his eye and a smile that hinted at many secrets.

One sunny afternoon, a young boy named Milo stood outside the shop, staring at the colorful candies displayed in the window. Milo was a curious and adventurous boy with a mop of curly hair and bright blue eyes that always seemed to be searching for the next big adventure.

"Milo, are you sure about this?" asked his best friend, Ella, who was tugging at his sleeve. Ella was cautious and preferred to avoid anything too extraordinary, but she always ended up joining Milo on his escapades.

"Of course, Ella! I've heard there's magic inside," Milo said with a grin. "Let's go in and see for ourselves!"

Ella sighed but followed Milo as he pushed open the heavy wooden door. A tiny bell above the door chimed a cheerful tune, and they stepped inside. The moment they entered, they were greeted by the sweet aroma of candy and the sight of shelves upon shelves of the most extraordinary sweets they had ever seen.

There were lollipops that changed colors, chocolates that sang melodies, and gummy bears that danced on command. Milo and Ella's eyes widened in amazement as they took in the magical display.

"Welcome, welcome!" said a warm voice. Mr. Twizzle appeared from behind the counter, his eyes twinkling with delight. "What can I do for you, young adventurers?"

Milo stepped forward eagerly. "We've heard your sweets are magical, Mr. Twizzle. Is it true?"

Mr. Twizzle chuckled. "Indeed, they are. Each sweet has a special power, but you must choose wisely. Magic can be tricky, you know."

Milo and Ella exchanged excited glances. "Can we try some?" Milo asked.

"Of course," Mr. Twizzle replied, gesturing to the shelves. "Pick whatever catches your fancy."

Milo reached for a jar of sparkling jelly beans. "What do these do?" he asked.

"Ah, the Sparkling Jelly Beans! Each one grants a different magical ability for a short time," Mr. Twizzle explained.

Milo grabbed a handful and popped one into his mouth. Instantly, he felt a strange sensation. "I feel... lighter!" he exclaimed. Before he knew it, he was floating in the air, hovering above the floor.

Ella giggled and reached for a different jar. "What about these?" she asked, holding up a jar of shimmering candy stars.

"Those are Starry Candies. They can take you to any place you can imagine," Mr. Twizzle said with a wink.

Ella hesitated but then picked a candy star and ate it. Immediately, she and Milo were transported to a beautiful meadow filled with flowers and butterflies. They looked around in awe before finding themselves back in the store.

"This is amazing!" Milo said, his eyes shining with excitement.

Mr. Twizzle smiled. "Remember, the magic of Sweet Serendipity is meant to be shared and used for good. Be wise and kind with your choices."

Milo and Ella nodded, taking the old man's words to heart. They spent the next hour exploring the wonders of the shop, each sweet revealing a new magical surprise. They found gummy worms that could turn into real worms, chocolate frogs that croaked sweet tunes, and bubblegum that could blow bubbles big enough to float them to the ceiling.

As the sun began to set, Milo and Ella knew it was time to leave. They thanked Mr. Twizzle for the incredible experience and promised to visit again soon.

"Remember, Milo and Ella, magic is everywhere if you know where to look," Mr. Twizzle said as they left. "And don't forget to share the sweetness with others."

Milo and Ella walked home, their pockets filled with a few magical sweets to share with their friends. They couldn't wait to tell everyone about their adventure at Sweet Serendipity.

That night, as Milo lay in bed, he thought about the day's events and smiled. He knew that the magic of Sweet Serendipity was not just in the sweets, but in the kindness and joy they brought to everyone who experienced them. And he couldn't wait for the next adventure with his best friend, Ella.

Milo och Den Magiska Godisbutiken

I hjärtat av den livliga staden Tumbleton fanns en liten butik som alla kände till men få vågade gå in i. Den kallades "Söta Slump," en magisk godisbutik som såg vanlig ut från utsidan men var full av under och förtrollning inuti. Butiken drevs av en vänlig gammal man vid namn Mr. Twizzle, som hade en glimt i ögat och ett leende som antydde om många hemligheter.

En solig eftermiddag stod en ung pojke vid namn Milo utanför butiken och stirrade på de färgglada godisarna i fönstret. Milo var en nyfiken och äventyrlig pojke med en rufsig lockig frisyr och klara blå ögon som alltid verkade leta efter nästa stora äventyr.

"Milo, är du säker på det här?" frågade hans bästa vän Ella, som drog i hans ärm. Ella var försiktig och föredrog att undvika något alltför extraordinärt, men hon hamnade alltid i Milos äventyr.

"Självklart, Ella! Jag har hört att det finns magi där inne," sa Milo med ett flin. "Låt oss gå in och se själva!"

Ella suckade men följde Milo när han öppnade den tunga trädörren. En liten klocka ovanför dörren klingade en glad melodi, och de klev in. Så fort de kom in möttes de av den söta doften av godis och synen av hyllor fyllda med de mest fantastiska godisar de någonsin sett.

Där fanns klubbor som bytte färg, choklad som sjöng melodier och gummibjörnar som dansade på kommando. Milo och Ellas ögon vidgades av förundran när de tog in den magiska uppvisningen.

"Välkomna, välkomna!" sa en varm röst. Mr. Twizzle dök upp bakom disken, hans ögon gnistrande av glädje. "Vad kan jag göra för er, unga äventyrare?"

Milo steg fram ivrigt. "Vi har hört att dina godisar är magiska, Mr. Twizzle. Är det sant?"

Mr. Twizzle skrattade. "Det stämmer. Varje godis har en speciell kraft, men ni måste välja klokt. Magi kan vara knepigt, vet ni."

Milo och Ella utbytte upphetsade blickar. "Kan vi prova några?" frågade Milo.

"Naturligtvis," svarade Mr. Twizzle och gestikulerade mot hyllorna. "Välj vad som helst som fångar ert intresse."

Milo sträckte sig efter en burk med gnistrande gelébönor. "Vad gör dessa?" frågade han.

"Åh, de Gnistrande Gelébönorna! Varje en ger en annan magisk förmåga under en kort tid," förklarade Mr. Twizzle.

Milo tog en handfull och stoppade en i munnen. Genast kände han en märklig känsla. "Jag känner mig... lättare!" utbrast han. Innan han visste ordet av svävade han i luften, svävande över golvet.

Ella fnissade och sträckte sig efter en annan burk. "Vad sägs om dessa?" frågade hon och höll upp en burk med skimrande godisstjärnor.

"De där är Stjärngodis. De kan ta dig till vilken plats du kan föreställa dig," sa Mr. Twizzle med en blinkning.

Ella tvekade men tog sedan en godisstjärna och åt den. Genast transporterades hon och Milo till en vacker äng fylld med blommor och fjärilar. De såg sig omkring i förundran innan de återfann sig i butiken.

"Det här är fantastiskt!" sa Milo, hans ögon lysande av upphetsning.

Mr. Twizzle log. "Kom ihåg, magin i Söta Slump är menad att delas och användas till goda syften. Var kloka och vänliga med era val."

Milo och Ella nickade och tog den gamle mannens ord till hjärtat. De tillbringade nästa timme med att utforska butikens underverk, varje godis avslöjade en ny magisk överraskning. De hittade gummimaskar som kunde förvandlas till riktiga maskar, chokladgrodor som kväkte söta melodier och tuggummi som kunde blåsa bubblor stora nog att få dem att sväva till taket.

När solen började gå ner visste Milo och Ella att det var dags att gå. De tackade Mr. Twizzle för den otroliga upplevelsen och lovade att besöka snart igen.

"Kom ihåg, Milo och Ella, magi finns överallt om ni vet var ni ska leta," sa Mr. Twizzle när de lämnade. "Och glöm inte att dela godheten med andra."

Milo och Ella gick hem, deras fickor fyllda med några magiska godisar att dela med sina vänner. De kunde inte vänta med att berätta för alla om sitt äventyr i Söta Slump.

Den natten, när Milo låg i sängen, tänkte han på dagens händelser och log. Han visste att magin i Söta Slump inte bara fanns i godisarna, utan i vänligheten och glädjen de förde med sig till alla som upplevde dem. Och han kunde inte vänta på nästa äventyr med sin bästa vän Ella.

Freddie the Frog and the Great Pond Adventure

In a cozy little corner of the bustling town of Lilybrook, there lay a quaint and serene pond, surrounded by tall reeds and colorful wildflowers. This pond was home to many creatures, but none was more adventurous or curious than a little frog named Freddie.

Freddie was not your ordinary frog. With his bright green skin, twinkling eyes, and a tiny golden crown on his head (a gift from a traveling fairy), Freddie was always up for an adventure. He loved to explore every nook and cranny of the pond, and his best friend, a dragonfly named Dotty, was always by his side.

One fine morning, as the sun cast a warm glow over the pond, Freddie and Dotty were hopping and buzzing about, looking for something exciting to do.

"Freddie, what should we do today?" Dotty asked, her wings shimmering in the sunlight.

Freddie tapped his chin thoughtfully. "I've heard tales of a hidden treasure buried somewhere in the pond. What if we go on a treasure hunt?"

Dotty's eyes sparkled with excitement. "That sounds amazing! Where do we start?"

Freddie pointed to an old, moss-covered map pinned to a tree trunk near the water's edge. "I've found this map last week. It might lead us to the treasure!"

With their hearts full of anticipation, Freddie and Dotty set off on their grand adventure. The first stop on the map was the Old Oak Tree, a wise and ancient tree that stood proudly near the edge of the pond.

As they approached the Old Oak Tree, they noticed a squirrel busily gathering acorns.

"Hello, Mr. Squirrel!" Freddie called out. "We're on a treasure hunt. Have you seen any clues around here?"

The squirrel paused and scratched his head. "Hmm, I did see something shiny buried near the tree roots. Maybe that's what you're looking for."

Freddie and Dotty hurried to the tree roots and started digging. After a few moments, they uncovered a small, glittering key.

"Look, Dotty! This must be the first clue!" Freddie exclaimed, holding the key up to the light.

The map indicated that the next stop was the Enchanted Waterfall, a beautiful cascade of sparkling water hidden deep within the pond. Freddie and Dotty made their way through the reeds and water lilies until they reached the waterfall.

The Enchanted Waterfall was even more magical than they had imagined. The water shimmered like liquid silver, and the air was filled with the sweet scent of blooming lilies.

"Now, where could the next clue be?" Dotty wondered aloud.

Freddie noticed a small, mysterious door hidden behind the waterfall. "Look, Dotty! Let's see if the key fits!"

With trembling hands, Freddie inserted the key into the lock. It turned smoothly, and the door creaked open to reveal a dark, winding tunnel.

"Are you ready, Dotty?" Freddie asked, his voice tinged with excitement.

"Always!" Dotty replied, her wings buzzing with anticipation.

Together, they ventured into the tunnel. The walls were lined with glowing crystals, casting a soft light that guided their way. After what felt like an eternity, they emerged into a hidden cavern filled with sparkling treasures—jewels, coins, and trinkets of all kinds.

"We found it! We found the treasure!" Freddie shouted, his eyes wide with wonder.

But amidst all the treasures, one object caught their attention—a beautifully carved wooden chest with intricate designs. Freddie and Dotty carefully opened the chest to find an old, dusty book inside.

"It's a book of ancient pond secrets!" Dotty exclaimed, flipping through the pages. "It contains spells, recipes, and stories of the pond's history."

Freddie's eyes lit up. "This is the real treasure, Dotty. We can learn so much from this book and share it with everyone in Lilybrook!"

Excited by their discovery, Freddie and Dotty made their way back to the pond. Along the way, they stopped to share their findings with all their friends—the ducks, the fish, the turtles, and even Mr. Squirrel.

Everyone gathered around as Dotty read aloud from the book, sharing the fascinating secrets of the pond. The creatures of Lilybrook listened in awe, grateful for the knowledge and wisdom Freddie and Dotty had brought back.

From that day on, Freddie the Frog and Dotty the Dragonfly were celebrated as heroes in Lilybrook. They continued to explore and embark on new adventures, always eager to discover more about their beloved pond.

And so, the story of Freddie the Frog and the Great Pond Adventure was told and retold, inspiring young and old alike to embrace curiosity, friendship, and the joy of discovery.

Freddie Grodan och Den Stora Dammens Äventyr

I ett mysigt litet hörn av den livliga staden Lilybrook låg en pittoresk och fridfull damm, omgiven av höga vass och färgglada vildblommor. Denna damm var hem för många varelser, men ingen var mer äventyrlig eller nyfiken än en liten groda vid namn Freddie.

Freddie var inte en vanlig groda. Med sin ljusgröna hud, glittrande ögon och en liten gyllene krona på huvudet (en gåva från en resande fe), var Freddie alltid redo för äventyr. Han älskade att utforska varje vrå och skrymsle av dammen, och hans bästa vän, en trollslända vid namn Dotty, var alltid vid hans sida.

En vacker morgon, när solen kastade ett varmt sken över dammen, hoppade och surrade Freddie och Dotty omkring och letade efter något spännande att göra.

"Freddie, vad ska vi göra idag?" frågade Dotty, hennes vingar skimrande i solskenet.

Freddie klappade sig fundersamt på hakan. "Jag har hört talas om en gömd skatt som är begravd någonstans i dammen. Vad sägs om att vi går på en skattjakt?"

Dottys ögon gnistrade av upphetsning. "Det låter fantastiskt! Var börjar vi?"

Freddie pekade på en gammal, mossbelagd karta som var fäst på en trädstam nära vattenkanten. "Jag hittade den här kartan förra veckan. Den kanske leder oss till skatten!"

Med hjärtan fulla av förväntan gav sig Freddie och Dotty iväg på sitt stora äventyr. Första stoppet på kartan var det Gamla Ekträdet, ett vis och uråldrigt träd som stod stolt nära dammens kant.

När de närmade sig Gamla Ekträdet, såg de en ekorre som var upptagen med att samla ekollon.

"Hej, Mr. Ekorre!" ropade Freddie. "Vi är på skattjakt. Har du sett några ledtrådar här omkring?"

Ekorren stannade upp och kliade sig i huvudet. "Hmm, jag såg något glittrande begravt nära trädets rötter. Kanske är det vad ni letar efter."

Freddie och Dotty skyndade sig till trädets rötter och började gräva. Efter några ögonblick upptäckte de en liten, glittrande nyckel.

"Titta, Dotty! Detta måste vara den första ledtråden!" utbrast Freddie och höll upp nyckeln mot ljuset.

Kartan visade att nästa stopp var det Förtrollade Vattenfallet, en vacker kaskad av gnistrande vatten gömd djupt inne i dammen. Freddie och Dotty tog sig igenom vass och näckrosor tills de nådde vattenfallet.

Det Förtrollade Vattenfallet var ännu mer magiskt än de hade föreställt sig. Vattnet skimrade som flytande silver, och luften var fylld av doften från blommande näckrosor.

"Var kan nästa ledtråd vara?" undrade Dotty högt.

Freddie såg en liten, mystisk dörr gömd bakom vattenfallet. "Titta, Dotty! Låt oss se om nyckeln passar!"

Med darrande händer satte Freddie nyckeln i låset. Den vreds smidigt, och dörren gnisslade upp för att avslöja en mörk, slingrande tunnel.

"Är du redo, Dotty?" frågade Freddie, hans röst full av upphetsning.

"Alltid!" svarade Dotty, hennes vingar surrande av förväntan.

Tillsammans vågade de sig in i tunneln. Väggarna var klädda med glödande kristaller, som kastade ett mjukt ljus som vägledde deras väg. Efter vad som kändes som en evighet, kom de ut i en gömd grotta fylld med gnistrande skatter - juveler, mynt och prydnadssaker av alla slag.

"Vi hittade det! Vi hittade skatten!" ropade Freddie, hans ögon vidgade av förundran.

Men mitt i alla skatter fångade en sak deras uppmärksamhet - en vackert snidad träkista med intrikata mönster. Freddie och Dotty öppnade försiktigt kistan och fann en gammal, dammig bok inuti.

"Det är en bok med urgamla dammhemligheter!" utropade Dotty och bläddrade genom sidorna. "Den innehåller trollformler, recept och berättelser om dammens historia."

Freddies ögon lyste upp. "Detta är den verkliga skatten, Dotty. Vi kan lära oss så mycket från denna bok och dela det med alla i Lilybrook!"

Upphetsade av sitt fynd, begav sig Freddie och Dotty tillbaka till dammen. På vägen stannade de för att dela sina upptäckter med alla sina vänner - änderna, fiskarna, sköldpaddorna och till och med Mr. Ekorre.

Alla samlades när Dotty läste högt ur boken och delade de fascinerande hemligheterna om dammen. Invånarna i Lilybrook lyssnade i vördnad, tacksamma för den kunskap och visdom Freddie och Dotty hade fört med sig.

Från den dagen firades Freddie Grodan och Dotty Trollsländan som hjältar i Lilybrook. De fortsatte att utforska och ge sig ut på nya äventyr, alltid ivriga att upptäcka mer om sin älskade damm.

Och så berättades historien om Freddie Grodan och Den Stora Dammens Äventyr om och om igen, och inspirerade unga och gamla att omfamna nyfikenhet, vänskap och upptäckandets glädje.

www.ingramcontent.com/pod-product-compliance
Lightning Source LLC
Chambersburg PA
CBHW061400140726
47997CB00003B/1307